Este libro ser de

Otros libros de mi amiga Paris

Publicado por
New Year Publishing, LLC   144 Diablo Ranch Ct.   Danville, CA 94506 USA

orders@newyearpublishing.com   http://www.newyearpublishing.com

Ninguna parte de este libro puede ser reproducida o transmitida en cualquier forma o por cualquier medio, electrónico o mecánico, incluyendo fotocopia, grabación o por cualquier sistema de almacenamiento y recuperación de información, sin el permiso por escrito del editor, excepto por la inclusión de citas breves en una revisión.

© 2008/2016 by New Year Publishing, LLC Todos los derechos reservados.
Número de control de la Biblioteca del Congreso: 2007930313
ISBN: 9781614310563

Ayer mi mamá tuvo a mis hermanas gemelas.
Es el mismo hospital en el que yo he nacido.

La abuela estaba leyéndome un libro en la sala de espera cuando papá entró para decirnos que habían nacido y que se llamaban Liberty y Victoria. Estaba muy feliz.

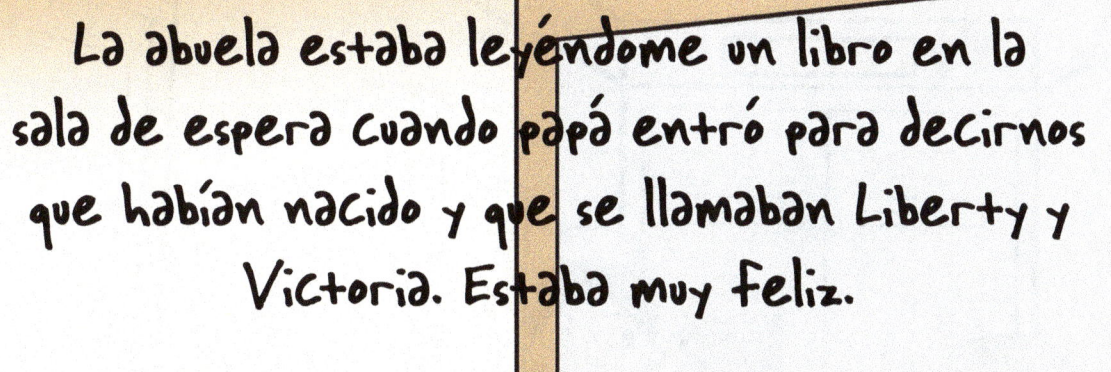

Son muy pequeñas y papá me dijo que se quedarían en su propia habitación especial en el hospital.

Solo vi a mamá unos pocos minutos porque estaba muy cansada.

Tuve que quedarme esa noche en casa de la abuela y el abuelo.

Al día siguiente la abuela y yo volvimos al hospital y eché un vistazo a mis gemelas a través de la ventana de la enfermería. Creo que Liberty me sonrió.

Muchas personas vinieron al hospital para ver a mamá y a mis hermanas a través del cristal. A veces me traían regalos.

El médico me dijo que mis hermanas están creciendo bien y que debería ser una niña buena para mamá y para papá.

Cuando mi otra abuela viene, siempre pasa tiempo conmigo antes de visitar a mis hermanas.

Mamá vino a casa por fin hoy. Papá y yo estamos cuidando de ella.

Papá me hizo macarrones con queso para cenar hoy. No son tan buenos como los de mamá pero lo ha intentado duramente.

www.ingramcontent.com/pod-product-compliance
Lightning Source LLC
Chambersburg PA
CBHW081331040426
42453CB00013B/2385